Honoré Beaugrand

LA CHASSE-GALERIE

FIDES

Dépôt légal : 2ᵉ trimestre 1998
Bibliothèque nationale du Québec

© Éditions Fides, 1998

Les Éditions Fides bénéficient de l'appui du Conseil des Arts
du Canada et de la Société de développement
des entreprises culturelles du Québec (SODEC).

MOT DE L'ÉDITEUR

Cette merveilleuse tradition catalane qui remonte au début des années 1950 n'a été découverte que tout récemment par le reste du monde. Il fallait y penser : offrir un livre comme on offre une rose. J'ai eu le privilège de la découvrir par un 23 avril ensoleillé, il y a deux ans. L'effet était tout simplement magique. Pourquoi les Québécois ne deviendraient-ils pas catalans, le temps d'un jour, tous les ans au mois d'avril. La maison Fides qui est née il y a soixante ans avec l'idée de promouvoir la lecture voudrait, par ce petit livre, y contribuer.

À l'occasion de la Journée mondiale du livre, nous offrons à nos lecteurs cette édition spéciale d'un conte qui fait d'emblée partie du patrimoine littéraire québécois. Inspiré d'une légende désormais célèbre, ce conte a fait l'objet d'une belle édition dans la collection du Nénuphar en 1973, et a été récemment réédité dans *Les meilleurs contes fantastiques québécois du XIXᵉ siècle*, édition préparée par Aurélien Boivin et publiée chez Fides en 1997.

Bonne lecture !

ANTOINE DEL BUSSO

On risque, en le ramenant à son seul thème, de ne pas saisir la nature véritable du conte. Car l'essentiel n'en réside pas tant dans l'histoire, la légende ou le fait narré, que dans l'événement particulier que suscite cette narration. Un conteur, des hommes réunis autour de lui pour l'entendre, un ensemble de rites, une fable : c'est tout cela qui constitue le conte et en fait plus qu'un simple récit : une cérémonie. Un peu comme au théâtre, d'ailleurs, où la pièce n'est pas à elle seule l'événement, où elle ne serait même rien sans la disposition de la salle, le décor, l'obscurité, le jeu des acteurs et, surtout, la présence des spectateurs. De même, le conte est une manifestation totale, dont le récit n'est que le centre ou l'occasion, si l'on veut, autour de quoi se déploie une vaste liturgie qui gouverne pour un temps non seulement les gestes des hommes et leurs attitudes, mais jusqu'à leurs émotions les plus secrètes.

C'est illusion de croire qu'on écoute les contes par curiosité ou par goût de l'inattendu. En fait, il serait plutôt dans la nature du conte, précisément, de ne pas être nouveau, donc de ne pas prétendre étonner l'auditeur. Le canot volant, les mœurs des loups-garous, l'auditeur les connaît déjà parfaitement pour les avoir entendu évoquer à plusieurs reprises, et il sait d'avance le déroulement du récit. Comme au théâtre encore, où le *Hamlet*, la *Phèdre* ou l'*Antigone* que je regarde me sont tout à fait familiers. Et pourtant les hommes écoutent les contes et se laissent fasciner. C'est donc que le conte ne se réduit nullement à sa fable, mais que tout ce qu'on nomme communément le contexte y joue aussi un rôle de première importance, ce qui fait que quelque chose d'extraordinaire se passe : une fête.

Extraordinaire, en effet, parce qu'il s'agit bien d'une rupture dans le cours régulier de la vie et de l'entrée dans un ordre tout à fait différent. Au théâtre, quand résonnent les trois coups, le spectateur s'apprête à passer d'un monde dans un autre. C'est aussi ce que font les auditeurs du conte lorsque le conteur annonce rituellement qu'il va les émerveiller : « Pour lors que je vais vous raconter une rôdeuse d'histoire... » À elle seule, cette phrase suffit à provoquer un changement radical dans la vie des auditeurs et dans celle du conteur lui-même. Aussitôt, tout se tait, tout le visible s'évanouit, et chacun consent d'avance à la merveille. Toute l'ordinaire disposition du monde et des esprits s'interrompt, le réel s'éloigne et fait place à un temps autre, à un espace différent, qui n'ont rien de commun avec les conditions habituelles de l'existence.

Rupture avec le monde, en effet, que ce silence soudain des auditeurs, oubliant leurs soucis et leur travail, délaissant pendant un temps rivalités, projets, préoccupations, abolissant en un mot leurs individualités pour les fondre en un groupe unique, que la voix du conteur envoûtera tout entier. Cette assemblée unanime instaure un ordre de choses tout à fait nouveau, inhabituel, quand des êtres participent ainsi tous ensemble à un même courant d'émotion et abandonnent leurs esprits à la vision commune. Il s'agit bel et bien d'un moment d'exception, mais qui n'est que le premier aspect d'une transgression beaucoup plus fondamentale à quoi convie le conte.

On notera, dans le texte qui suit, la présence d'un élément apparemment anodin : l'alcool, dont la consommation précède et accompagne chaque récit de légende. Jamaïque ou Molson, en effet, les bûcherons et les villageois boivent à qui mieux mieux, et c'est du milieu de leurs libations que s'élève peu à peu la voix du conteur. Ce détail n'est pas sans signification, surtout quand on sait quelle interdiction pèse sur l'alcool dans le Québec d'alors. En prendre, c'est en quelque sorte se mettre volontairement en marge du monde, c'est agir contre l'ordre réputé normal, bref c'est assumer sa propre exclusion. Toute ivresse récuse la vie et choisit le danger. Ainsi en va-t-il du conte, qui est aussi l'expérience de certaines limites franchies, ignorées, et qui détourne de la vie pour parier sur autre chose, l'ailleurs, le fantastique.

Transgression, donc, et ce à deux niveaux. D'abord par le rejet du réalisme et la plongée dans un domaine naturellement périlleux dans la mesure justement où il contredit et mine la réalité : l'imaginaire. Quoi de plus contraire à la sûreté de l'esprit et à la stabilité du réel que ces canots aériens. Quoi de plus subversif que la merveille ? Et surtout, quel moyen plus sûr de ruiner la vie que d'ouvrir ainsi son esprit à la chimère et à la contemplation de ce qui n'existe pas ? Mais la menace est d'autant plus grave que l'imagination ici se dissimule, et que le rêve se déguise en souvenir. On remarquera, en effet, de quelle habileté font preuve les conteurs pour donner à leurs récits un cachet de parfaite authenticité. Ainsi, ils se mettent eux-mêmes en scène, ou un de leurs proches. Surtout, ils situent dans un passé juste assez lointain le récit de leurs extravagances, profitant ainsi de l'adhésion qu'entraîne automatiquement toute relation historique. « Dans ces temps-là », disent-ils, et l'imagination aussitôt se travestit en mémoire, parce que la violation du temps paraît inadmissible et moins audacieuse que celle du réel, et qu'il est plus facile, pour arriver à l'irréel, de sembler franchir les ans que d'enfreindre carrément les lois de la vraisemblance. Mais ce n'est là qu'une voie détournée, et

ce passé qui, selon le conteur, a lieu trente, quarante ou cent cinquante ans plus tôt ne ressemble
plus en rien au passé immédiat de la veille ou de
l'avant-veille. En fait, le déplacement temporel
masque un autre déplacement beaucoup plus radical : le passage du réel au fabuleux, de la vie à l'imaginaire.

Quant à l'autre transgression, qui n'est au fond
qu'une figuration de la première comme, dans un
roman, l'aventure du héros reflète la création même
de ce roman, elle se manifeste au niveau de l'affa-
bulation. Ce que narre le conte, en effet, c'est précisément une expérience de dépassement, où sont
ignorées les bornes ordinaires du vraisemblable.
Mais le plus intéressant, c'est qu'un tel dépassement, qui procure la connaissance d'un autre
monde comme à l'envers ou au-delà de celui-ci, est
lié directement à la violation de certaines règles. Au
libertin seul, en effet, il est accordé de courir la
chasse-galerie ou de rencontrer les monstres, à lui
seul l'expérience de la féerie. Par son péché, il se
retire du monde et entre dans les régions obscures
où habite le fantastique, qui est toujours démo-
niaque. On voit le rôle, dans ces contes, de la

religion et de ses interdits, qui préservent de l'inconnu et maintiennent solide l'aire de la réalité. Y contrevenir, c'est quitter cet ordre et se placer en zone d'instabilité, où la nuit déborde sur le jour, où les canots naguère rassurants s'envolent dans les airs, bref, c'est s'introduire au sein de l'ambiguïté. Au principe de la merveille, donc, est la transgression : les voyageurs du canot aérien renient Dieu pour une nuit. Tous mauvais garnements, amis de la bouteille, coureurs de jupons et mécréants. Tous, en un mot, plus ou moins impies et, pour cette raison, livrés à l'emprise des monstres et voisins de l'enfer. Mais en violant la loi, c'est aussi les frontières de l'existence ordinaire qu'ils franchissent : à eux l'horreur, mais à eux aussi l'ivresse et la voyance.

Comment réagissent les auditeurs au récit de ces aventures ? Y trouvent-ils une leçon de bonne conduite ? Ou ne sont-ils pas plutôt fascinés ? Un peu des deux, sans doute. Car le protagoniste du conte joue le même rôle que tous les héros. Au reste de la tribu il enseigne, certes, le danger de l'audace et de la désobéissance ; mais en même temps il inspire le respect, lui qui a vu l'autre côté des choses, lui qui a ramé dans le canot volant. Sans le héros, sans l'impie exemplaire, aucune loi ne pourrait tenir et toute vie deviendrait insupportable. Car ces damnés vivent pour nous et à notre place notre incoercible désir de dépassement, nous dispensant ainsi d'y succomber nous-mêmes. Comment, sans Rimbaud, endurerions-nous la vie ? Comment, sans la transgression des voyageurs de la chasse-galerie, sans ce récit merveilleux d'un péché, comment tous les bûcherons en foule ne déserteraient-ils pas leurs chantiers pour courir eux-mêmes vers leurs blondes, dans le Sud ? Mais cela leur devient inutile dès qu'existe le mythe, dès qu'en entendant la fable leur désir se délivre et qu'à titre d'auditeurs ils commettent, eux aussi, le délit et pactisent avec Satan. Cela fait, ils pourront ensuite rentrer tranquillement dans leur vie et se mettre à étirer la mélasse bouillonnante...

On voit donc en quoi le conte est une fête. Momentanément, la vie ordinaire est comme suspendue, et dans cet intervalle peuvent se réaliser toutes les chimères, s'assouvir tous les désirs fous et se perpétrer tous les crimes. Car il y a eu brisure et percée vers le royaume merveilleux de l'irréalisable. Qui n'a cru, ne serait-ce qu'en lisant un poème, que l'univers en cet instant se transfigurait et que des portes quelque part claquaient grandes ouvertes?

Mais d'où vient un tel bouleversement? Essentiellement, du langage. Le conte, a-t-on pu dire, est par excellence la victoire de la parole; mais ce que la parole y vainc d'abord, c'est elle-même, à savoir son propre asservissement et ses conditions habituelles d'existence. Pour un temps, en effet, elle se glisse hors de sa stricte fonction de nommer et se met à évoluer en toute liberté, loin de tout support comme de toute référence. Elle, qui cherche ordinairement à se rapprocher le plus possible des choses au point d'y disparaître, n'y parvient jamais complètement; mais on fait comme si la correspondance était si exacte qu'aucune distance ne subsistât plus. Nos mots et le réel, nous les croyons identiques. Or voilà que le conte affranchit la parole. Celle-ci se détraque, pour ainsi dire, et entreprend soudain d'outrepasser son domaine, nommant sans se soucier de quoi que ce soit et se contentant désormais d'être proférée pour elle-même. Il en résulte de la chimère, de la fantaisie et des merveilles: l'imagination apparaît, un monde nouveau, purement parlé, prend forme peu à peu.

Le réel, disqualifié, s'écarte momentanément: la parole triomphe, elle crée. C'est la transgression première, source de toutes les autres. Et c'est aussi une sorte de folie, car alors le canot délaisse la rivière et s'ébranle en direction des nuages.

[...]

Ce récit bref d'Honoré Beaugrand s'inscrit dans un courant important de la littérature canadienne-française de la fin du XIXe siècle, auquel appartiennent également les écrits des Joseph-Charles Taché, Philippe Aubert de Gaspé père, Henri-Raymond Casgrain ou Pamphile Le May, qui s'étaient donné pour tâche, selon le mot fameux de Nodier, d'«écouter les délicieuses histoires du peuple avant qu'il les ait oubliées». De ce courant l'œuvre de Beaugrand s'écarte toutefois, de même que celle de Louis Fréchette, par la perspective «moderne» qui est la sienne, c'est-à-dire par l'absence d'intention moralisatrice et passéiste. C'est en écrivain de la ville, sans nostalgie ni refus du présent, que l'auteur de *La chasse-galerie* évoque un monde qui, pour paraître pittoresque et touchant, n'en est pas moins, à ses yeux, bel et bien disparu.

FRANÇOIS RICARD

HONORÉ BEAUGRAND

Honoré Beaugrand, né à Lanoraie le 24 mars 1848, de Louis Beaugrand dit Champagne, capitaine et batelier, et de Joséphine Marion, fait ses études au Collège de Joliette, qu'il quitte après quatre ans pour entrer à l'école militaire. Enrôlé volontaire à dix-sept ans, il participe à la campagne du Mexique (1865-1867) où il fait la connaissance de Faucher de Saint-Maurice. Après les hostilités, il accompagne en France le corps expéditionnaire français et découvre, pendant deux ans, le libéralisme, le radicalisme et l'anticléricalisme. Rentré aux États-Unis en 1869, il se consacre au journalisme. Il collabore à *L'Abeille* puis fonde en 1873,

avec le docteur Alfred Mignault, *L'Écho du Canada*.
Il quitte Fall River (Massachusetts) au printemps
de 1875 et se dirige vers St. Louis où il occupe le
poste de rédacteur du *Golf Democrat*. À l'automne
de la même année, Beaugrand publie à Boston *La
République*, qu'il transporte de ville en ville. En
mars 1878, il publie à Ottawa *Le Fédéral* et, en
octobre de la même année, il lance, à Montréal, *Le
Farceur*, autre journal éphémère. En 1879, il fonde
La Patrie, organe du parti réformiste, pour succéder
au *National* qui vient de disparaître. Maire de
Montréal en 1885 et 1886, il abandonne la vie
politique en 1887 et publie *The Daily News* dont il
quitte rapidement la direction. Il parcourt de nouveau l'Europe et adresse aux lecteurs de *La Patrie*
ses *Lettres de voyage*. En 1896, il cède *La Patrie* à
Joseph-Israël Tarte et, à quarante-neuf ans, se retire
de la vie publique. Il consacre les loisirs de sa
retraite au folklore et aux voyages, et meurt à West-
mount le 7 octobre 1906.

Les écrits d'Honoré Beaugrand, que l'on peut
classer sous le titre générique de contes, constituent
la part la plus importante de son œuvre littéraire.
Avant même de publier son roman, *Jeanne la fileuse*,

en 1878, il s'intéressait au folklore et recueillait des contes et des légendes. En 1875, alors rédacteur du *Globe Democrat* de St. Louis (Missouri) et éloigné des soucis administratifs d'un journal à faire vivre, — il avait dû quitter Fall River (Massachusetts) et *L'Écho du Canada* qu'il y avait fondé — Beaugrand put enfin s'adonner à des activités de son choix. C'est pendant les quatre mois de son séjour à St. Louis qu'il rédigea ses premiers contes pour *Le Courrier de Montréal*. Une douzaine d'années plus tard, il retrouva le temps d'en écrire d'autres pour son journal *La Patrie*.

LA CHASSE-GALERIE

I

« Pour lors que je vais vous raconter une rôdeuse d'histoire, dans le fin fil ; mais s'il y a parmi vous autres des lurons qui auraient envie de courir la chasse-galerie ou le loup-garou, je vous avertis qu'ils font mieux d'aller voir dehors si les chats-huants font le sabbat, car je vais commencer mon histoire en faisant un grand signe de croix pour chasser le diable et ses diablotins. J'en ai eu assez de ces maudits-là dans mon jeune temps. »

Pas un homme ne fit mine de sortir; au contraire tous se rapprochèrent de la cambuse où le *cook* finissait son préambule et se préparait à raconter une histoire de circonstance.

On était à la veille du jour de l'an 1858, en pleine forêt vierge, dans les chantiers des Ross, en haut de la Gatineau. La saison avait été dure et la neige atteignait déjà la hauteur du toit de la cabane.

Le bourgeois avait, selon la coutume, ordonné la distribution du contenu d'un petit baril de rhum parmi les hommes du chantier, et le cuisinier avait terminé de bonne heure les préparatifs du fricot de pattes et des glissantes pour le repas du lendemain. La mélasse mijotait dans le grand chaudron pour la partie de tire qui devait terminer la soirée.

Chacun avait bourré sa pipe de bon tabac canadien, et un nuage épais obscurcissait l'intérieur de la cabane, où un feu pétillant de pin résineux jetait, cependant, par intervalles, des lueurs rougeâtres qui tremblotaient en éclairant par des effets merveilleux de clair-obscur, les mâles figures de ces rudes travailleurs des grands bois.

Joe le *cook* était un petit homme assez mal fait, que l'on appelait assez généralement le bossu, sans qu'il s'en formalisât, et qui faisait chantier depuis au moins quarante ans. Il en avait vu de toutes les couleurs dans son existence bigarrée et il suffisait de lui faire prendre un petit coup de jamaïque pour lui délier la langue et lui faire raconter ses exploits.

II

«Je vous disais donc, continua-t-il, que si j'ai été un peu *tough* dans ma jeunesse, je n'entends plus risée sur les choses de la religion. J'vas à confesse régulièrement tous les ans, et ce que je vais vous raconter là se passait aux jours de ma jeunesse quand je ne craignais ni Dieu ni diable. C'était un soir comme celui-ci, la veille du jour de l'an, il y a de cela trente-quatre ou trente-cinq ans. Réuni avec tous mes camarades autour de la cambuse, nous prenions un petit coup; mais si les petits ruisseaux font les grandes rivières, les petits verres finissent par vider les grosses cruches, et dans ces temps-là, on buvait plus sec et plus souvent qu'aujourd'hui, et il n'était pas rare de voir finir les fêtes par des coups de poings et des tirages de tignasse. La jamaïque était bonne, — pas meilleure que ce soir, — mais elle était bougrement bonne, je vous le parsouête. J'en avais bien lampé une douzaine de petits gobelets, pour ma part, et sur les onze heures, je vous l'avoue franchement, le tête me tournait et je me laissai tomber sur ma robe de carriole pour faire un petit somme en attendant l'heure de sauter à pieds joints par-dessus la tête d'un quart de lard, de la vieille année dans la nouvelle, comme nous allons le faire ce soir sur l'heure de minuit, avant d'aller chanter la guignolée et souhaiter la bonne année aux hommes du chantier voisin.

Je dormais donc depuis assez longtemps lorsque je me sentis secouer rudement par le boss des piqueurs, Baptiste Durand, qui me dit :

— Joe ! minuit vient de sonner et tu es en retard pour le saut du quart. Les camarades sont partis pour faire leur tournée et moi je m'en vais à Lavaltrie voir ma blonde. Veux-tu venir avec moi ?

— À Lavaltrie ! lui répondis-je, es-tu fou ? nous en sommes à plus de cent lieues et d'ailleurs aurais-tu deux mois pour faire le voyage, qu'il n'y a pas de chemin de sorti dans la neige. Et puis, le travail du lendemain du jour de l'an ?

— Animal ! répondit mon homme, il ne s'agit pas de cela. Nous ferons le voyage en canot d'écorce, à l'aviron, et demain matin à six heures nous serons de retour au chantier.

Je comprenais.

Mon homme me proposait de courir la chasse-galerie et de risquer mon salut éternel pour le plaisir d'aller embrasser ma blonde, au village. C'était raide! Il était bien vrai que j'étais un peu ivrogne et débauché et que la religion ne me fatiguait pas à cette époque, mais risquer de vendre mon âme au diable, ça me surpassait.

— Cré poule mouillée! continua Baptiste, tu sais bien qu'il n'y a pas de danger. Il s'agit d'aller à Lavaltrie et de revenir dans six heures. Tu sais bien qu'avec la chasse-galerie, on voyage au moins cinquante lieues à l'heure lorsqu'on sait manier l'aviron comme nous. Il s'agit tout simplement de ne pas prononcer le nom du bon Dieu pendant le trajet, et de ne pas s'accrocher aux Croix des clochers en voyageant. C'est facile à faire et pour éviter tout danger, il faut penser à ce qu'on dit, avoir l'œil où l'on va et ne pas prendre de boisson en route. J'ai déjà fait le voyage cinq fois et tu vois bien qu'il ne m'est jamais arrivé malheur. Allons, mon vieux, prends ton courage à deux mains et si le cœur t'en dit, dans deux heures de temps, nous serons à Lavaltrie. Pense à la petite Liza Guimbette et au plaisir de l'embrasser. Nous sommes déjà sept pour faire le voyage mais il faut être deux, quatre, six ou huit et tu seras le huitième.

— Oui! tout cela est très bien, mais il faut faire un serment au diable, et c'est un animal qui n'entend pas à rire lorsqu'on s'engage à lui.

— Une simple formalité, mon Joe. Il s'agit simplement de ne pas se griser et de faire attention à sa langue et à son aviron. Un homme n'est pas un enfant, que diable! Viens! viens! nos camarades nous attendent dehors et le grand canot de la *drave* est tout prêt pour le voyage.

Je me laissai entraîner hors de la cabane où je vis en effet six de nos hommes qui nous attendaient, l'aviron à la main. Le grand canot était sur la neige dans une clairière et avant d'avoir eu le temps de réfléchir, j'étais déjà assis dans le devant, l'aviron pendant sur le plat bord, attendant le signal du départ. J'avoue que j'étais un peu troublé, mais Baptiste qui passait, dans le chantier, pour n'être pas allé à confesse depuis sept ans, ne me laissa pas le temps de me débrouiller. Il était à l'arrière, debout, et d'une voix vibrante il nous dit :

— Répétez avec moi !

Et nous répétâmes :

Satan ! roi des enfers, nous te promettons de te livrer nos âmes, si d'ici à six heures nous prononçons le nom de ton maître et du nôtre, le bon Dieu, et si nous touchons une croix dans le voyage. À cette condition tu nous transporteras, à travers les airs, au lieu où nous voulons aller et tu nous ramèneras de même au chantier !

III

Acabris ! Acabras ! Acabram !
Fais-nous voyager par-dessus les montagnes !

À peine avions-nous prononcé les dernières paroles que nous sentîmes le canot s'élever dans l'air à une hauteur de cinq ou six cents pieds. Il me semblait que j'étais léger comme une plume et, au commandement de Baptiste, nous commençâmes à nager comme des possédés que nous étions. Aux premiers coups d'aviron le canot s'élança dans l'air comme une flèche, et c'est le cas de le dire, le diable nous emportait. Ça nous en coupait le respire et le poil en frisait sur nos bonnets de carcajou.

Nous filions plus vite que le vent. Pendant un quart d'heure, environ, nous naviguâmes au-dessus de la forêt sans apercevoir autre chose que les bouquets des grands pins noirs. Il faisait un nuit superbe et la lune, dans son plein, illuminait le firmament comme un beau soleil du midi. Il faisait un froid du tonnerre et nos moustaches étaient couvertes de givre, mais nous étions cependant tous en nage. Ça se comprend aisément puisque c'était le diable qui nous menait et je vous assure que ce n'était pas sur le train de la *Blanche*. Nous aperçûmes bientôt une éclaircie, c'était la Gatineau dont la surface glacée et polie étincelait au-dessous de nous comme un immense miroir. Puis, p'tit à p'tit nous aperçûmes des lumières dans les maisons d'habitants ; puis des clochers d'églises qui reluisaient comme des baïonnettes de soldats, quand ils font l'exercice sur le champ de Mars de Montréal. On passait ces clochers aussi vite qu'on passe les poteaux de télégraphe, quand on voyage en chemin de fer. Et nous filions toujours comme tous les diables, passant pardessus les villages, les forêts, les rivières et laissant derrière nous comme une traînée d'étincelles. C'est Baptiste, le possédé, qui gouvernait, car il connaissait la route et nous arrivâmes bientôt à la rivière des Outaouais qui nous servit de guide pour descendre jusqu'au lac des Deux-Montagnes.

— Attendez un peu, cria Baptiste. Nous allons raser Montréal et nous allons effrayer les coureux qui sont encore dehors à c'te heure cite. Toi, Joe ! là, en avant, éclaircis-toi le gosier et chante-nous une chanson sur l'aviron.

En effet, nous apercevions déjà les mille lumières de la grande ville, et Baptiste, d'un coup d'aviron, nous fit descendre à peu près au niveau des tours de Notre-Dame. J'enlevai ma chique pour ne pas l'avaler, et j'entonnai à tue-tête cette chanson de circonstance que tous les canotiers répétèrent en chœur :

Mon père n'avait fille que moi,
Canot d'écorce qui va voler,
Et dessus la mer il m'envoie :
Canot d'écorce qui vole, qui vole,
Canot d'écorce qui va voler !

Et dessus la mer il m'envoie,
Canot d'écorce qui va voler,
Le marinier qui me menait :
Canot d'écorce qui vole, qui vole,
Canot d'écorce qui va voler !

Le marinier qui me menait,
Canot d'écorce qui va voler,
Me dit, ma belle, embrassez-moi :

Canot d'écorce qui vole, qui vole,
Canot d'écorce qui va voler!

Me dit, ma belle, embrassez-moi,
Canot d'écorce qui va voler,
Non, non, monsieur, je ne saurais :
Canot d'écorce qui vole, qui vole,
Canot d'écorce qui va voler!

Non, non, monsieur, je ne saurais,
Canot d'écorce qui va voler,
Car si mon papa le savait :
Canot d'écorce qui vole, qui vole,
Canot d'écorce qui va voler!

Car si mon papa le savait,
Canot d'écorce qui va voler,
Ah! c'est bien sûr qu'il me battrait :
Canot d'écorce qui vole, qui vole,
Canot d'écorce qui va voler!

IV

Bien qu'il fût près de deux heures du matin, nous vîmes des groupes s'arrêter dans les rues pour nous voir passer, mais nous filions si vite qu'en un clin d'œil nous avions dépassé Montréal et ses faubourgs, et alors je commençai à compter les clochers : la Longue-Pointe, la Pointe-aux-Trembles, Repentigny, Saint-Sulpice, et enfin les deux flèches argentées de Lavaltrie qui dominaient le vert sommet des grands pins du domaine.

— Attention ! vous autres, nous cria Baptiste. Nous allons atterrir à l'entrée du bois, dans le champ de mon parrain, Jean-Jean Gabriel, et nous nous rendrons ensuite à pied pour aller surprendre nos connaissances dans quelque fricot ou quelque danse du voisinage.

Qui fut dit fut fait, et cinq minutes plus tard notre canot reposait dans un banc de neige à l'entrée du bois de Jean-Jean Gabriel ; et nous partîmes tous les huit à la file pour nous rendre au village. Ce n'était pas une mince besogne car il n'y avait pas de chemin battu et nous avions de la neige jusqu'au califourchon. Baptiste qui était plus effronté que les autres s'en alla frapper à la porte de la maison de son parrain où l'on apercevait encore de la lumière, mais il n'y trouva qu'une fille *engagère* qui lui annonça que les vieilles gens étaient à un *snaque* chez le père Robillard, mais que les farauds et les filles de la paroisse étaient presque tous rendus chez Batissette Augé, à la Petite-Misère, en bas de Contrecœur, de l'autre côté du fleuve, où il y avait un rigodon du jour de l'an.

— Allons au rigodon, chez Batissette Augé, nous dit Baptiste, on est certain d'y rencontrer nos blondes.

— Allons chez Batissette ! Et nous retournâmes au canot, tout en nous mettant mutuellement en garde sur le danger qu'il y avait de prononcer certaines paroles et de prendre un coup de trop, car il fallait reprendre la route des chantiers et y arriver avant six heures du matin, sans quoi nous étions flambés comme des carcajous, et le diable nous emportait au fin fond des enfers.

Acabris ! Acabras ! Acabram !
Fais-nous voyager par-dessus les montagnes !

cria de nouveau Baptiste. Et nous voilà repartis pour la Petite-Misère, en naviguant en l'air comme des renégats que nous étions tous. En deux tours d'aviron, nous avions traversé le fleuve et nous étions rendus chez Batissette Augé dont la maison était tout illuminée. On entendait vaguement, au dehors, les sons du violon et les éclats de rire des danseurs dont on voyait les ombres se trémousser, à travers les vitres couvertes de givre. Nous cachâmes notre canot derrière les tas de bourdillons qui bordaient la rive, car la glace avait refoulé, cette année-là.

— Maintenant, nous répéta Baptiste, pas de bêtises, les amis, et attention à vos paroles. Dansons comme des perdus, mais pas un seul

verre de Molson, ni de jamaïque, vous m'enten-
dez! Et au premier signe, suivez-moi tous, car
il faudra repartir sans attirer l'attention. Et
nous allâmes frapper à la porte.

V

Le père Batissette vint ouvrir lui-même et nous
fûmes reçus à bras ouverts par les invités que
nous connaissions presque tous. Nous fûmes
d'abord assaillis de questions:

— D'où venez-vous?

— Je vous croyais dans les chantiers!

— Vous arrivez bien tard!

— Venez prendre une larme!

Ce fut encore Baptiste qui nous tira
d'affaire en prenant la parole:

— D'abord, laissez-nous nous décapoter et
puis ensuite laissez-nous danser. Nous sommes
venus exprès pour ça. Demain matin, je répon-
drai à toutes vos questions et nous vous racon-
terons tout ce que vous voudrez.

Pour moi j'avais déjà reluqué Liza Guimbette qui était faraudée par le p'tit Boisjoli de Lanoraie.

Je m'approchai d'elle pour la saluer et pour lui demander l'avantage de la prochaine qui était un *reel* à quatre. Elle accepta avec un sourire qui me fit oublier que j'avais risqué le salut de mon âme pour avoir le plaisir de me trémousser et de battre des ailes de pigeon en sa compagnie. Pendant deux heures de temps, une danse n'attendait pas l'autre et ce n'est pas pour me vanter si je vous dis que, dans ce temps-là, il n'y avait pas mon pareil à dix lieues à la ronde pour la gigue simple ou la voleuse. Mes camarades, de leur côté, s'amusaient comme des lurons, et tout ce que je puis vous dire, c'est que les garçons d'habitants étaient fatigués de nous autres, lorsque quatre heures sonnèrent à la pendule. J'avais cru apercevoir Baptiste Durand qui s'approchait du buffet où les hommes prenaient des nippes de whisky blanc, de temps en temps, mais j'étais tellement occupé avec ma partenaire que je n'y portai pas beaucoup d'attention. Mais maintenant que l'heure de remonter en canot était arrivée, je vis clairement que Baptiste avait pris un coup de trop et je fus obligé d'aller le prendre par le bras pour le faire sortir avec moi, en faisant signe aux autres de se préparer à nous suivre sans attirer l'attention des danseurs. Nous sortîmes donc les uns après les autres sans faire semblant de rien et cinq minutes plus tard, nous étions remontés en canot, après avoir quitté le bal comme des sauvages, sans dire bonjour à personne; pas même à Liza que j'avais invitée pour danser un foin. J'ai toujours pensé que c'était cela qui l'avait décidée à me trigauder et à épouser le petit Boisjoli sans même m'inviter à ses noces, la bougresse. Mais pour revenir à notre canot, je vous avoue que nous étions rudement embêtés de voir que Baptiste Durand avait bu un coup, car c'était lui qui nous gouvernait et nous n'avions juste que le temps de revenir au chantier pour six heures du matin, avant le réveil des hommes qui ne travaillaient pas le jour du jour de l'an. La lune était disparue et il ne faisait plus aussi clair qu'auparavant, et ce n'est pas sans crainte que je pris ma position à l'avant du canot, bien décidé à avoir l'œil sur la route que nous allions suivre. Avant de nous enlever dans les airs, je me retournai et je dis à Baptiste:

— Attention! là, mon vieux. Pique tout droit sur la montagne de Montréal, aussitôt que tu pourras l'apercevoir.

— Je connais mon affaire, répliqua Baptiste, et mêle-toi des tiennes! Et avant que j'aie eu le temps de répliquer:

Acabris! Acabras! Acabram!
Fais-nous voyager par-dessus les montagnes!

VI

Et nous voilà repartis à toute vitesse. Mais il devint aussitôt évident que notre pilote n'avait plus la main aussi sûre, car le canot décrivait des zigzags inquiétants. Nous ne passâmes pas à cent pieds du clocher de Contrecœur et au lieu de nous diriger à l'ouest, vers Montréal, Baptiste nous fit prendre les bordées vers la rivière Richelieu. Quelques instants plus tard, nous passâmes par-dessus la montagne de Belœil et il ne s'en manqua pas de dix pieds que l'avant du canot n'allât se briser sur la grande croix de tempérance que l'évêque de Québec avait plantée là.

— À droite ! Baptiste ! à droite ! mon vieux, car tu vas nous envoyer chez le diable, si tu ne gouvernes pas mieux que ça !

Et Baptiste fit instinctivement tourner le canot vers la droite en mettant le cap sur la montagne de Montréal que nous apercevions déjà dans le lointain. J'avoue que la peur commençait à me tortiller car si Baptiste continuait à nous conduire de travers, nous étions flambés comme des gorets qu'on grille après la boucherie. Et je vous assure que la dégringolade ne se fit pas attendre, car au moment où nous passions au-dessus de Montréal, Baptiste nous fit prendre une *sheer* et avant d'avoir eu le temps de m'y préparer, le canot s'enfonçait dans un banc de neige, dans une éclaircie, sur le flanc de la montagne. Heureusement que c'était dans la neige molle, que personne n'attrapât de mal et que le canot ne fût pas brisé. Mais à peine étions-nous sortis de la neige que voilà Baptiste qui commence à sacrer comme un possédé et qui déclare qu'avant de repartir pour la Gatineau, il veut descendre en ville prendre un verre. J'essayai de raisonner avec lui, mais allez donc faire entendre raison à un ivrogne qui veut se mouiller la luette. Alors, rendus à bout de patience, et plutôt que de laisser nos âmes au diable qui se léchait déjà les babines en nous voyant dans l'embarras, je dis un mot à mes autres compagnons qui avaient aussi peur que moi, et nous nous jetons tous sur Baptiste que nous terrassons, sans lui faire de mal, et que nous plaçons ensuite au fond du canot, — après l'avoir ligoté comme un bout de saucisse et lui avoir mis un bâillon pour l'empêcher de prononcer des paroles dangereuses, lorsque nous serions en l'air. Et:

Acabris! Acabras! Acabram!

nous voilà repartis sur un train de tous les diables car nous n'avions plus qu'une heure pour nous rendre au chantier de la Gatineau. C'est moi qui gouvernais, cette fois-là, et je vous assure que j'avais l'œil ouvert et le bras solide. Nous remontâmes la rivière Outaouais comme une poussière jusqu'à la Pointe à Gatineau et de là nous piquâmes au nord vers le chantier. Nous n'en étions plus qu'à quelques lieues, quand voilà-t-il pas cet animal de Baptiste qui se détortille de la corde avec laquelle nous l'avions ficelé, qui s'arrache son bâillon et qui se lève tout droit, dans le canot, en lâchant un sacre qui me fit frémir jusque dans la pointe des cheveux. Impossible de lutter contre lui dans le canot sans courir le risque de tomber d'une hauteur de deux ou trois cents pieds, et l'animal gesticulait comme un perdu en nous menaçant tous de son aviron qu'il avait saisit et qu'il faisait tournoyer sur nos têtes en faisant le moulinet comme un Irlandais avec son *shilelagh*. La position était terrible, comme vous le comprenez bien. Heureusement que nous arrivions, mais j'étais tellement excité, que par une fausse manœuvre que je fis pour éviter l'aviron de Baptiste, le canot heurta la tête d'un gros pin et que nous voilà tous précipités en bas, dégringolant de branche en branche comme des perdrix que l'on tue dans les épinettes. Je ne sais pas combien je mis de temps à descendre jusqu'en bas, car je perdis connaissance avant d'arriver, et mon dernier souvenir était comme celui d'un homme qui rêve qu'il tombe dans un puits qui n'a pas de fond.

VII

Vers les huit heures du matin, je m'éveillai dans mon lit dans la cabane, où nous avaient transportés des bûcherons qui nous avaient trouvés sans connaissance, enfoncés jusqu'au cou, dans un banc de neige du voisinage. Heureusement que personne ne s'était cassé les reins mais je n'ai pas besoin de vous dire que j'avais les côtes sur le long comme un homme qui a couché sur les ravalements pendant toute une semaine, sans parler d'un *blackeye* et de deux ou trois déchirures sur les mains et dans la figure. Enfin, le principal, c'est que le diable ne nous avait pas tous emportés et je n'ai pas besoin de vous dire que je ne m'empressai pas de démentir ceux qui prétendirent qu'ils m'avaient trouvé, avec Baptiste et les six autres, tous saouls comme des grives, et en train de cuver notre jamaïque dans un banc de neige des environs. C'était déjà pas si beau d'avoir risqué de vendre son âme au diable, pour s'en vanter parmi les camarades ; et ce n'est que bien des années plus tard que je racontai l'histoire telle qu'elle m'était arrivée.

Tout ce que je puis vous dire, mes amis, c'est que ce n'est pas si drôle qu'on le pense que d'aller voir sa blonde en canot d'écorce, en plein cœur d'hiver, en courant la chasse-galerie ; surtout si vous avez un maudit ivrogne qui se mêle de gouverner. Si vous m'en croyez, vous attendrez à l'été prochain pour aller embrasser vos p'tits cœurs, sans courir le risque de voyager aux dépens du diable. »

Et Joe le *cook* plongea sa micouane dans la mélasse bouillonnante aux reflets dorés, et déclara que la tire était cuite à point et qu'il n'y avait plus qu'à l'*étirer*.

(*La chasse-galerie*, 1900 ; paru d'abord dans *La Patrie*, 31 décembre 1891)

COMPOSÉ EN CASLON CORPS 12
CET OUVRAGE RÉALISÉ PAR FOLIO INFOGRAPHIE
A ÉTÉ ACHEVÉ D'IMPRIMER
EN AVRIL 1998
SUR LES PRESSES DE HLN
À SHERBROOKE